Ich bin ein

Junge ☐
Mädchen ☐

Mein Name:

Mein Geburtstag:

Kreuze dein Sternzeichen an.

Ich bin ____ Jahre alt.

Male für jedes Jahr eine Kerze auf die Torte.

Ich wiege ____ kg.

So sieht meine Nase aus. Kreuze an.

Mein Hand- oder Fußabdruck:

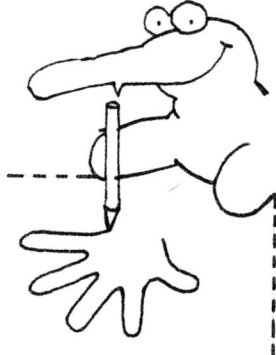

Datum: _____

Brille? Ja ☐ Nein ☐

Male dem Gesicht eine Brille und Sommersprossen.

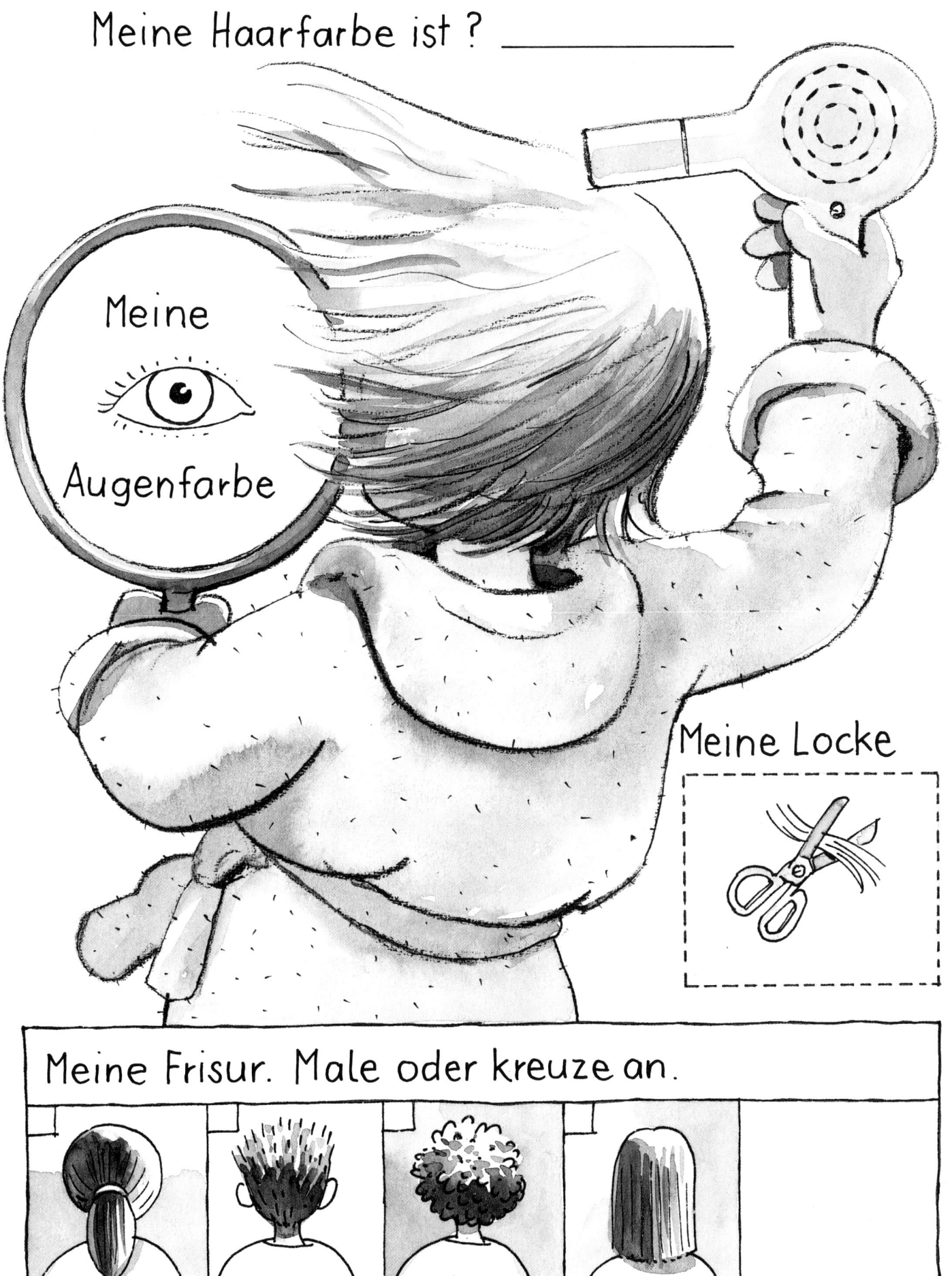

Meine Adresse:

_____
_____
_____

Dort wohne ich:

Mein Land:
_____

Ich wohne in...

Unser Haus...

...hat ___ Stockwerke

Garten ☐   Balkon ☐

Gibt es noch mehr in deinem Zimmer?

Ich habe ein Zimmer für mich allein?

　　　Ja ☐　　　Nein ☐

Ich teile mein Zimmer mit:

_____

Meine Familie

Mein schönstes Familienfoto

Wer gehört dazu?

_____
_____
_____
_____
_____

Ich habe Geschwister?   Ja ☐   Nein ☐
Wie viele?

Name und Alter:

_____

_____

Ich möchte ein Geschwisterchen.
Ja ☐   Nein ☐

Sport und Spiel

Ich treibe gerne Sport ☐

Ich springe ☐
Ich laufe ☐
Ich turne ☐
Ich schwimme ☐

Ich spiele Fußball ☐
Ich fahre Fahrrad ☐

Meine Lieblingssportarten:

_____
_____

Meine Hobbies sind:

_____
_____

Ich male gern ☐
Ich bastele gern ☐

Ich habe ein Kuscheltier

Ja ☐   Nein ☐

Es heißt: _____

Mein liebstes Spielzeug:

_____
_____
_____
_____

Ich hätte gern noch: _____
_____
_____

Das ziehe ich gerne an:
_____
_____
_____

Meine Lieblingsfarbe ist: _____

Bemale das T-Shirt...

Ich spiele ein Instrument.

Ja ☐   Nein ☐

Ich singe gern.

Ja ☐   Nein ☐

Lieder, die ich mag:

_____
_____
_____
_____

Mein Lieblingsinstrument:

Was ich gerne höre:

_____

_____

_____

Ich höre meistens:

Male hier deine Buch- und Filmhelden oder klebe eine Collage.

Was ich im Fernsehen sehen darf:

Meine Lieblingssendung: _____

Meine schönste Reise ging nach: _____

Was ich so alles mitgenommen habe - kreuze an.

Jch fuhr mit...

Mein lustigstes Urlaubsfoto

Wohin ich gerne mal möchte: _____

Mein Tag

Um ___ Uhr stehe ich auf.

Was ich zum Frühstück esse:

_____

_____

Was ich am Vormittag tue:

_____

Ich gehe in den Kindergarten ☐

Ich gehe in die Schule ☐

Um ___ Uhr gibt es Mittagessen.

Wie ich im Haushalt helfe:
_____
_____

Was ich am Nachmittag tue:
_____
_____
_____
_____

Um ____ Uhr gibt es Abendbrot.

Ich lese. ☐   Danach spiele ich noch. ☐

Manchmal darf ich noch etwas fernsehen. ☐

Um ____ Uhr gehe ich schlafen.

Rund ums Jahr

Frühling

Hier stimmt was nicht!

Sommer

Welche Bilder passen...

Sammle Blätter, presse sie und klebe sie hier ein.

Die buntesten Ostereier

Schreibe deinen Wunschzettel!

Hier ist viel Platz für dein eigenes Kunstwerk.

Klebe dein schönstes Bild ein oder male es direkt ins Buch.

Das will ich werden :

Meine größten Geheimnisse

Klebe hier einen versiegelten Briefumschlag mit deinen größten Geheimnissen ein!

Haben wir dieses Buch nicht toll gemacht?
Fertig wurde es am:

_____ Tag
_____ Monat
_____ Jahr

3-8157-1650-0
© 1998 Coppenrath Verlag, Münster
Alle Rechte vorbehalten, auch auszugsweise
Printed in Belgium